JOSÉ
ANTONIO
PAGOLA

EL ARTE
DE GENERAR
ESPERANZA

PPC

© 2024, José Antonio Pagola
© 2024, PPC, Editorial y Distribuidora, SA
Impresores, 2
Parque Empresarial Prado del Espino
28660 Boadilla del Monte (Madrid)
ppcedit@ppc-editorial.com
www.ppc-editorial.com

ISBN 978-84-288-4197-9
Depósito legal: M-16916-2024
Impreso en la UE / Printed in EU

Introducción[1]

Todos tenemos experiencia de lo que es vivir con esperanza, pero nos resulta difícil responder cuando se nos pregunta en qué consiste la esperanza.

La verdad es que no podemos vivir sin pensar en el futuro, en lo que nos espera. Más aún, siempre andamos buscando seguridad, bienestar, tranquilidad. Si el porvenir se nos presenta sombrío y amenazador, empezamos a sentir preocupación y hasta miedo. Si, por el contrario, se nos presenta favorable y prometedor, nos sentimos bien. Esta confianza en que podremos afrontar el futuro de manera favorable constituye la base de lo que llamamos "esperanza".

Las personas no pueden vivir sin esperanza. Necesitamos un aliento, una confianza básica que nos impulse a seguir caminando. Sin espe-

---

[1] Ponencia pronunciada en Vitoria-Gasteiz, el 4 de noviembre de 2004, con ocasión de las Bodas de Plata del Teléfono de la Esperanza.

ranza no se puede vivir. La esperanza es la fuerza de la vida, el motor, el impulso vital.

Por eso, cuando en una persona se apaga la esperanza, se apaga la vida. El individuo comienza un proceso de regresión y anulación. La persona se encoge, no busca, no crea nada nuevo, cae en la pasividad. La vida se apaga: vivir sin esperanza es no vivir.

De manera sencilla podemos decir que la esperanza consiste en confiar de manera más o menos firme en que se irán cumpliendo los anhelos, aspiraciones y proyectos fundamentales que nacen dentro de nosotros.

1

Perfil de la esperanza

Para captar mejor qué es la esperanza, voy a ir describiendo algunos rasgos que nos permitan dibujar el perfil de la esperanza.

1. Un estilo de vida

La esperanza no es la euforia de un instante, la reacción de un momento. Es una postura permanente, un estilo de vida, una manera de estar en la vida en una actitud positiva y confiada. La esperanza no se vive, por tanto, a ratos, unos días sí y otros no.

Ciertamente, unos días habrá más razones para mirar el futuro de manera esperanzada y otros días habrá menos razones, pero la esperanza es un talante, un estilo de afrontar la vida de manera confiada.

2. Vivir con horizonte

La esperanza no mira al pasado ni se queda en el presente. El que vive con esperanza se orienta hacia el futuro. No le asusta el porvenir. No le paraliza. Vive con horizonte.

Por eso, cuando una persona va perdiendo la esperanza tiende a encerrarse en sus recuerdos. Es el caso de bastantes mayores. No pueden hacer grandes proyectos para el futuro y, entonces, tienden a revivir su pasado.

3. Una postura activa

No hay que confundir la "esperanza" con la "espera". Tener esperanza no es esperar pasivamente, aguantar, ver lo que nos viene encima. El que vive animado por la esperanza no se queda pasivo. Se mueve, proyecta, actúa, reacciona.

Por el contrario, cuando una persona va perdiendo la esperanza, va cayendo en el desaliento y la pasividad. No cree en nadie ni en nada. Todo le parece inútil. Total, ¿para qué?

4. Actitud realista

No hay que confundir la esperanza con la ilusión, los sueños o el optimismo ingenuo.

La persona de esperanza es realista. Cuenta con las dificultades, problemas y contratiempos que encontrará en su camino. Pero, a pesar de todo, confía en sí misma, en su trabajo, en los resortes que podrá ir activando, en el apoyo que podrá encontrar para ir superando obstáculos.

5. Lucidez responsable

La esperanza no es una postura ciega, sino lúcida. El que vive con esperanza sabe analizar la situación y ver la realidad en sus verdaderas dimensiones. Se esfuerza por captar qué es importante y qué es secundario y accidental.

Al mismo tiempo, la esperanza es una actitud responsable. No se trata de pensar que tendremos suerte, las cosas nos irán mejor, todo cambiará por arte de magia. La esperanza no deja las cosas en manos de la suerte. No se cruza de brazos esperando que suceda algo bueno. La esperanza es una tarea diaria hecha de esfuerzo paciente y constante.

6. Actitud arriesgada

La esperanza no es esa seguridad que se siente en los momentos fáciles, cuando no tenemos problemas. La esperanza crece, se purifica y consolida precisamente en los momentos difíciles de la prueba.

La persona animada por una verdadera esperanza es capaz de comprometerse y correr riesgos. Por eso, a veces, no se trata propiamente de tener esperanza sino de atreverse a mantenerla, incluso en contra de lo que uno puede sentir ahora mismo, cuando parece que no hay mucho que esperar.

2

¿Cómo se pierde la esperanza?

La esperanza se puede perder de muchas maneras, según las diversas circunstancias. Pero podemos tener ante nuestros ojos un esquema sencillo que nos puede iluminar.

Una persona puede encontrarse con un hecho o experiencia de carácter negativo: una enfermedad grave, la pérdida de un ser querido, la infidelidad del esposo, la pérdida de un trabajo.

Estas experiencias pueden provocar dos efectos:

- La persona, en adelante, ve su bienestar en peligro. No se siente bien. Ya nada será como antes. Ha quedado destruido algo que era importante para vivir bien. Ya la vida no podrá ser tan dichosa, tan segura o serena.

- Pero, además, la persona se puede sentir impotente para superar aquella situación. Aquello es demasiado. La persona no se siente con ánimo para afrontar su vida. No se ve con fuerzas para remontar aquella situación.

Puede comenzar entonces un desmoronamiento progresivo de la esperanza. Cada individuo puede seguir un camino diferente, dependiendo de su estructura sicológica, de la gravedad de la situación, de las circunstancias concretas en que se mueve, del entorno de personas que le rodean.

Podemos señalar brevemente algunos indicios de la pérdida de esperanza.

1. Visión negativa

La persona que vive un problema, una situación conflictiva y difícil, corre el riesgo de caer en una visión negativa de todo. Cogida por su problema, no acierta a ver el lado positivo de las cosas, de las personas o de los acontecimientos. Se encierra en una visión negativa. No es capaz de captar lo bueno, lo hermoso, lo positivo que hay en muchos aspectos de su vida. Solo se queda con lo malo. Poco a poco se acostumbra a vivir quejándose. Todo es inútil. En esa actitud negativa va malgastando todas sus energías.

Es evidente que, para reavivar su esperanza, esta persona necesita cambiar su visión del problema y de la vida en general. Tal vez no lo podrá hacer ella sola. Qué suerte si puede encontrarse con una persona capaz de ayudarle a recuperar una actitud más positiva, una mente más abierta, unos sentimientos y reacciones más confiados.

2. Falta de confianza

La esperanza se pierde porque la persona va perdiendo la fe en sí misma y en sus resortes y posibilidades. No espera mucho de nadie, pero, sobre todo, no espera mucho de sí misma. Cada vez se siente más incapaz de reaccionar. No sabe dónde encontrar fuerzas para enfrentarse a sus problemas. Su falta de confianza le va llevando al derrotismo. Puede llegar, incluso, a culpabilizarse, atormentarse, herirse a sí misma.

Para recuperar la esperanza esta persona necesita captarse a sí misma de otra manera, encontrar de nuevo motivos para confiar en sí misma y en los demás, desarrollar todos los resortes y cualidades que en ella se encierran, reavivar lo mejor que hay en ella. Siempre le será más fácil si se encuentra con alguien que la sabe estimular con su acogida, su escucha abierta y su actitud positiva y realista.

3. Tristeza

La pérdida de esperanza provoca tristeza. La persona va perdiendo la alegría de vivir. El malhumor, el pesimismo, la amargura se van apoderando poco a poco de ella. No es una tristeza de corta duración. Es un estado permanente que va unido a la pérdida de sentido.

Esta persona no necesita solo un "empujón", unas palabras de aliento. Necesita redescubrir una fuente de alegría. Un "porqué" para vivir. Una razón, un motivo que de nuevo dé un sentido a su vida. Siempre será más fácil si se encuentra con una persona que la acompaña y estimula en esta tarea.

4. Endurecimiento

La pérdida de esperanza produce en algunas personas un endurecimiento de su corazón.

Deciden que, en adelante, nada ni nadie les hará daño. Matan su capacidad de afecto y amistad. Se endurecen interiormente.

Este endurecimiento puede llevar incluso a la agresividad y la violencia. Al ver frustrada su esperanza, en la persona puede crecer la rabia, la hostilidad y el odio a la vida.

Por este camino puede incluso transitar hacia la autodestrucción y el suicidio síquico y hasta físico. La persona puede ir matando poco a poco su vida (procesos de alcoholismo, drogadicción, abandono y descuido personal).

Para recuperar la esperanza esta persona necesita desahogarse, despertar lo mejor que hay en ella, reconciliarse consigo misma y con los demás.

5. Cansancio

En otros individuos la pérdida de esperanza se manifiesta en cansancio. La vida se convierte en una carga pesada difícil de soportar. La persona se ahoga. Va perdiendo entusiasmo y empuje. No merece la pena vivir así. Este cansancio no es la fatiga normal de un trabajo o una actividad concreta. Es un cansancio vital, profundo, que puede generar angustia. Un cansancio de vivir que puede conducir incluso al suicidio.

Esta persona necesita recuperar la vida desde dentro, desde sus raíces. El proceso será casi siempre lento y delicado. Necesitará un acompañamiento adecuado que le ayude a recuperar la esperanza.

6. La falta de sentido

De una manera o de otra, la persona que pierde la esperanza va perdiendo el sentido de la vida. Su vida es una vida sin metas ni proyectos. Nada la hace vibrar por dentro. El individuo "va tirando", "sobrevive" sin más.

Lo que en el fondo siente la persona, tal vez sin saber definirlo exactamente, es la falta de un sentido global a su vida. No tiene una razón para vivir. Percibe su vida como algo inútil y sin sentido. Tal vez siente que es un estorbo para los demás. Quizás sería mejor desaparecer.

Para recuperar la esperanza, esta persona necesita recuperar el sentido. Encontrar motivos para luchar, para reaccionar, para vivir. Renacer de nuevo. Aprender a vivir de manera diferente.

3

La recuperación
de la esperanza

¿Cómo se recupera la esperanza? ¿Se puede
ayudar a una persona a recuperar la esperanza?
¿En qué puede consistir esa ayuda? ¿Qué caminos se pueden seguir?

1. La esperanza se puede recuperar

Antes que nada hemos de recordar que la esperanza se puede perder y se puede recuperar.
No es un rasgo temperamental (aunque es verdad que no todos tenemos la misma energía o
potencial de esperanza). No es una actitud fija,
una manera de ser inmutable. La esperanza es
muchas veces una conquista, fruto de un trabajo
esforzado y paciente.

La recuperación de la esperanza puede ser
un trabajo individual de una persona que, desde
sus propios resortes y su propia energía, reacciona, se enfrenta a sus problemas y encuentra

nuevos caminos para vivir. Pero puede ser un trabajo de colaboración entre personas que buscan juntas, se escuchan, se acogen y se acompañan. Una recuperación que se origina en el encuentro y la comunicación entre dos personas.

No hay que olvidar que la esperanza, de alguna manera, es una convicción, un espíritu, una actitud, una vida que se contagia.

- Una persona llena de esperanza, que sabe acoger, escuchar y establecer una comunicación desde una actitud positiva y esperanzada, puede estar más o menos acertada, pero, a la larga, si no comete errores graves, contagiará esperanza.

- Al contrario, una persona quemada, negativa, con un índice bajo de esperanza, podrá dominar técnicas y resortes con habilidad, pero no le resultará fácil contagiar esperanza.

Son importantes ambas cosas: cuidar nuestra propia esperanza y aprender los cauces y técnicas propios de una comunicación capaz de generar esperanza.

Hay algo que no quiero dejar de señalar. En una comunicación positiva crecen las dos personas: la que alienta y la que es alentada. No se puede comunicar esperanza a otro sin crecer uno mismo en esperanza. No se puede animar a otro sin animarse a uno mismo. No se puede infundir confianza, serenidad, luz... sin que uno mismo reciba algo de eso.

2. Ante los problemas sin solución

Naturalmente, la reacción más normal ante un problema es buscarle alguna solución, aunque sea parcial, provisional y no completamente satisfactoria. Esa pequeña solución contribuye sin duda a crecer en esperanza.

Pero hay situaciones y problemas que no tienen propiamente solución. No se pueden modificar los datos objetivos de la realidad. No se puede hacer nada. Estamos ante una situación insoluble. Entonces las personas pueden adoptar actitudes muy negativas:

- Una actitud frecuente es **la rebelión, la protesta, el rechazo**. Dentro de su impotencia, la persona se rebela ante lo inevitable. Entonces, la persona se exaspera y se crispa todavía más. Por ese camino, se puede llegar al agotamiento y la desesperación.

Lo importante será encauzar toda la energía que hay en la persona, no hacia el problema que no tiene solución, sino hacia otros aspectos de su vida y de su persona que sí pueden modificarse y crear una situación nueva desde donde poder vivir el problema.

■ Otra actitud suele ser **la ansiedad**. Se vive el problema con miedo al futuro. La persona sufre anticipando ya lo peor. Por ese camino se intensifica el sufrimiento e, incluso, se sufre sin necesidad algo que después, tal vez, no es para tanto.

Esta persona necesita realismo, vivir solo el problema de cada día, no añadir sufrimiento inútil a su vida. Vivir el presente.

■ Otra actitud es, no pocas veces, **el aislamiento**. La persona se encierra en su propio problema. No se deja aliviar por nadie. Se instala en su problema y se dedica a sufrirlo. La persona puede terminar destruyéndose a sí misma.

Esa persona necesita ser liberada de la incomunicación y el aislamiento. La esperanza solo podrá nacer de la comunicación, el desahogo, el encuentro positivo con alguien que la escuche y comprenda.

Cuando la situación problemática no puede ser modificada, hemos de preguntamos si no puede, tal vez, la persona cambiar el modo de vivir aquel problema. Dentro de esa situación dolorosa e inevitable:

- ¿No puede vivir algo positivo?
- ¿Todo ha de ser negativo y destructor?
- ¿No puede esa persona comunicarse más con alguien?
- ¿No puede pasar de una visión confusa a una visión más clara y ordenada de sus problemas?
- ¿No puede adoptar una actitud menos pasiva, más comprometida y responsable?

El problema sigue ahí. No ha cambiado la situación. Pero, la persona puede vivirlo, tal vez, de otra manera más positiva y constructiva.

3. El paso de una actitud negativa a otra más positiva

La persona sin esperanza está viviendo su problema como algo negativo. Pero, a partir de este problema, su experiencia negativa se puede ir extendiendo poco a poco como una mancha de aceite hasta abarcar todos los aspectos de la vida. Ya no solo el problema es negativo. Es toda la persona la que se va haciendo negativa, la que empieza a verlo todo de manera negativa. El problema va invadiendo toda su vida. ¿Qué es lo que necesita esta persona?

De manera sencilla podemos decir que necesita que se produzca un cambio: en lugar de vivir toda su vida desde aquel problema, necesita vivir el problema desde lo que es su vida en totalidad.

Hay que ayudarle a ampliar su horizonte y extender su mirada. No se trata de quitarle importancia al problema, sino de situarlo en el conjunto de su vida, donde, sin duda, hay experiencias, factores, relaciones, etc. de carácter más positivo,

Hay que recordar que las situaciones son casi siempre bastante complejas. Las cosas no son nunca totalmente buenas ni totalmente malas. Las mejores experiencias pueden encerrar aspectos negativos y las peores experiencias pueden generar efectos beneficiosos. En buena parte, depende de cómo las vivamos.

Por eso, hay que ayudar a esa persona a ir cambiando en diversos aspectos o áreas:

- Su visión o **mirada del problema**: junto a los efectos malos, puede haber efectos positivos a corto o largo plazo.
- **Los pensamientos**: junto a pensamientos negativos, dañosos, destructores, puede haber pensamientos más amplios, más amables, más nobles.
- **Sentimientos**: junto a sentimientos tristes, derrotistas, desoladores, puede haber sentimientos más serenos y pacificadores.
- Junto a **valoraciones** negativas, duras, implacables, puede haber valoraciones más comprensivas, flexibles, humanas.

■ **Decisiones**: junto a decisiones retorcidas, malas, dañosas, puede haber decisiones más nobles, más dignas, más positivas.

Tendríamos que ejercitamos más en descubrir lo positivo que hay siempre en las personas, los acontecimientos, los problemas. Es más fácil resaltar lo negativo. Lo positivo exige más esfuerzo y atención. Necesitamos "positivizar" nuestra mirada, nuestra escucha, nuestro trato con las personas desesperanzadas.

4

Actitudes para generar esperanza

1. Acoger

La acogida despierta siempre esperanza. Acoger bien a una persona es facilitar en ella la esperanza. La persona se siente más segura, con más fuerza y más resortes cuando se siente acogida. Por muy difícil que sea su situación, por muy graves que sean sus problemas, por muy hundida que se encuentre, si percibe que ya no está del todo sola, que puede contar con alguien, que su vida interesa de verdad a alguien, en esa persona se puede despertar un germen de esperanza.

Por eso, la acogida es la actitud básica que debe inspirar a quien quiera despertar esperanza. Esta acogida no es una destreza, una estrategia para relacionarnos con la persona desesperanzada. Es una actitud que hemos de aprender y cultivar. He aquí algunas sugerencias:

- Acoger quiere decir **situarnos**, no frente a la persona sino **junto a ella**, frente al mal que sufre y le hace daño.

  Esta ha de ser nuestra actitud interior: "Solo pienso en ti y en tu bien. Quiero tu bien. Busco tu bien. Te deseo el bien". Y no abandonar nunca esta actitud ni siquiera cuando nos sintamos impotentes o rechazados. Cuando una persona intuye que alguien busca de verdad su bien, se abre más fácilmente a la esperanza.

- Acoger quiere decir **acercarnos** a esa persona necesitada de esperanza **con un respeto total**.

  Toda persona es un misterio que no podemos encerrar dentro de nuestros esquemas. Con toda seguridad, esa persona es portadora de unos valores, cualidades y resortes que yo desconozco. Ha vivido en su infancia, su juventud o recientemente, experiencias gozosas y dolorosas que han construido su mundo interior y que yo no conozco.

  Aunque ahora está, tal vez, rota, esa persona tiene un proyecto, unas aspiraciones y anhelos en su corazón. Si queremos acogerla, lo tenemos que hacer con un respeto total. Si se siente respetada y acogida hasta el fondo, se despertará más fácilmente a la esperanza.

■ Acoger quiere decir **no juzgar ligera-mente**, no clasificar, liberarnos de prejuicios que nos condicionan, mantener una postura abierta y confiada, no distanciarnos interiormente, sintonizar con sus sentimientos negativos de impotencia, desaliento o soledad.

Una acogida cálida solo puede nacer de la empatía, de la interiorización del sufrimiento del otro, de la cercanía. La persona que capta esta acogida puede abrirse mejor a la esperanza.

■ Quiero añadir algo que casi siempre olvidamos. Para acoger de verdad al otro es importante **acogernos a nosotros mismos**, aceptarnos tal como somos, con sencillez y sinceridad, con nuestros errores y limitaciones, sin complicaciones, con paz.

Le acogemos al otro desde nuestra pobreza, desde nuestras posibilidades. Hacemos por el bien de esa persona lo que podemos. No se nos pide más.

2. Escuchar

Tal vez lo primero que necesita la persona que ha perdido la esperanza es sentirse escuchada, poder desahogarse y compartir con alguien su desesperanza. Escuchar es siempre ayudar a recuperar la esperanza.

La escucha libera de la soledad, la incomunicación y el aislamiento. La escucha alivia el ansia y los miedos. Cuando la persona puede hablar de sus miedos, incertidumbres, o de lo que le quita la paz, comienza a sentirse más segura. Algunos miedos se diluyen y pierden parte de su fuerza amenazadora.

La escucha libera de la confusión y el desconcierto. Al desahogarse, la persona va poniendo nombre a sus problemas y sentimientos, se va comprendiendo mejor a sí misma. Escuchar es poner luz en esa vida, "hacer verdad". Toda persona en crisis tiene una historia dolorosa que contar. Si un día puede narrarla a alguien que la escuche desde el fondo, esa persona comienza a curarse.

La escucha suaviza heridas del pasado, alivia el sufrimiento. La persona herida y maltratada por la vida necesita, de alguna manera, llorar, desahogarse, expresar su rabia, su pena o su impotencia. Hay fragmentos de esa vida que están rotos y solo se pueden recomponer si esa persona se siente escuchada y comprendida. Escuchar es corno "acariciar" las heridas, acariciar al alma que sufre.

La escucha ayuda además a recuperar la dignidad perdida o maltratada. La persona escuchada crece en autoestima, descubre que es importante para alguien, se despiertan en ella nuevas sensaciones, comienza a sentirse viva, con más fuerza para reaccionar y enfrentarse a sus problemas. Podrá descubrir un sentido nuevo a su vida y a sus problemas.

Pero la escucha no es algo que brota en nosotros de manera espontánea. Requiere esfuerzo, atención y cuidado. Para aprender a escuchar a las personas que sufren o están en crisis, no basta aprender técnicas. Es necesario cultivar unas actitudes.

He aquí algunas sugerencias:

- Antes de nada es bueno recordar que escuchar **es una forma de amar**. La escucha al que sufre es amor activo y gratuito. Escuchamos a esa persona porque nos interesa su dicha y su dignidad. Escuchar al otro es amarlo.

- Para escuchar es necesario **estar atentos a la originalidad** propia de esa persona concreta. No es uno más. No es otro caso igual al anterior. Cada persona es diferente, vive y siente sus problemas de una forma propia, única y original. Ningún sufrimiento es igual a otro.

- La escucha ha de **ser activa**. El que escucha desde dentro el sufrimiento y la crisis que vive una persona, no se queda mudo, distante, pasivo. Se interesa por el otro, trata de descubrir sus palabras, lo que está tratando de sugerir. El que escucha, sabe preguntar con discreción y respeto, trata de sintonizar con el estado de ánimo, el sufrimiento o la impotencia del otro. Sabe "reformular": "No sé si te entiendo bien", "¿Qué me quieres decir con eso?".

- Escuchar exige **crear un clima de confianza**, una atmósfera de cercanía, de comprensión que ayude a la persona a comunicarse en profundidad. Hay que merecerse la confianza. La persona en crisis nos tiene que sentir cercanos, comprensivos, vulnerables como todos, compartiendo su sufrimiento.

- Escuchar exige **dar tiempo**, respetar el ritmo de la persona que se está comunicando, respetar su pudor y su dificultad para descubrir su mundo íntimo, tener paciencia, saber esperar.

3. Acompañar

Vamos a pensar un poco qué nos pide una persona que está sufriendo una crisis que pone en peligro su esperanza.

- Es una persona que está viviendo un problema concreto que ella conoce como nadie pues lo está viviendo en su propia carne.
- Este problema le está provocando un sufrimiento más o menos profundo.
- Ese sufrimiento genera en la persona diversos sentimientos que, de alguna manera, ponen en crisis su esperanza: angustia, tristeza, pena, miedo, soledad, rechazo, incomprensión, humillación, sentido de inutilidad, impotencia, vergüenza, confusión, inseguridad, culpabilidad.

Todos estos sentimientos pueden, de diversa manera y en grado diferente, hacer difícil la esperanza. ¿Qué es lo que realmente busca esta persona cuando, desbordada por su problema, se siente impulsada a pedir ayuda?

Sin duda, quiere encontrar alguna solución a su problema y a sus sufrimientos, pero su búsqueda es más compleja.

Lo primero que busca es ser comprendida en los sentimientos que está viviendo. Que captemos lo que sufre, que nos pongamos en su piel.

Está pidiendo, además, que, de alguna manera, compartamos su sufrimiento desde una actitud de empatía, que sintonicemos con lo mal que está.

Naturalmente, quiere que nos interesemos en comprender la realidad de su problema. Quiere que le acompañemos a buscar juntos caminos de solución.

En definitiva, podemos decir que, en el fondo, lo que nos está pidiendo esa persona es que la acompañemos en recuperar la esperanza. ¿Qué actuaciones conviene evitar?

■ Hay que evitar centrarse rápidamente en el problema que nos presenta: lo que le sucede. Sin duda el problema es importante, pero más importante aún es la persona que está viviendo ese problema, su sufrimiento, lo que siente.

■ Hemos de evitar la discusión, el enfrentamiento. Acompañar es caminar junto al otro, no ponernos frente a él. Esa persona que acude a nosotros no es un adversario, es alguien que sufre y se siente mal. Está buscando una compañía amistosa, aunque en momentos se muestre agresiva.

■ Hemos de evitar la actitud dogmática. No emitir juicios sobre lo que nos está comunicando ("lo que pasa es que tú eres un pesimista"). Cuando somos dogmáticos y nos ponemos por encima de esa persona que sufre, la estamos abandonando. La dejamos sola con sus problemas, sus dudas, su confusión e impotencia.

■ Hemos de evitar las preguntas motivadas solo por la curiosidad. Solo el amor y el interés real por el bien de la persona nos sugerirá las preguntas sanas y acertadas.

■ Hay que evitar también los tópicos: "A todos nos pasa lo mismo", "Tranquila, todo pasará", "Sé más optimista". Las respuestas cargadas de falso optimismo, las invitaciones fáciles a animarse... casi siempre indican falta de empatía y comprensión a la persona.

- Por lo general, hay que evitar los consejos. No suelen ser eficaces excepto en casos muy concretos. Al aconsejar, tendemos normalmente a imponerle al otro nuestros propios valores, esquemas y convicciones, aunque él es diferente. Lo podemos desorientar y hacer más dependiente y menos protagonista de su vida.

Lo importante es acercarse a la persona que sufre en actitud de empatía, tratando de ponernos en su lugar y en su piel.

Empatía significa, en primer lugar, cercanía, compartir lo que vive aquella persona, vibrar con su sufrimiento, no mantenernos indiferentes, dejarnos conmover.

Al mismo tiempo, la empatía sana pide mantener la propia autonomía, una cierta distancia que nos permita ayudar al otro. No dejarnos hundir, desbordar, confundir por el sufrimiento y la ansiedad que nos comunica. No "hundirnos" con ella en el pozo.

5

Sembrar signos
de esperanza

No basta acoger, escuchar y acompañar de cualquier manera. Hay que hacerlo poniendo signos de esperanza en la persona.

1. El nacimiento frágil de la esperanza

Generar esperanza no es despertar buenos deseos. Tampoco hay que confundir la esperanza con la ilusión. Lo que la persona necesita es una esperanza que no engaña, una esperanza fundada, no ilusoria.

Una esperanza "engañosa" puede servir para levantar de inmediato el ánimo y dar un "empujón" a la persona, pero luego puede hundirla todavía más. Por eso, es importante, acoger, escuchar y acompañar, pero hemos de hacer todo esto sembrando signos de esperanza.

¿Qué significa poner signos de esperanza en la vida de una persona? Cuando la persona vive sin esperanza, quiere decir que el futuro la desborda, no controla su problema, no sabe cómo enfrentarse a su crisis. No posee una solución inmediata. No tiene seguridad.

El despertar de la esperanza es siempre frágil y delicado. Cuando una persona va pasando poco a poco de la desesperanza a la esperanza, lo que cambia no es la realidad del problema. El problema sigue ahí. Lo que cambia es la actitud de la persona. La esperanza no brota porque ya hemos encontrado una solución para el problema. La fuente de la esperanza está en otra parte.

La esperanza no está asociada propiamente a una solución o "receta" que se ha encontrado al problema. Es más bien una fuerza interior, una aceptación nueva de la situación, una confianza diferente que da un talante nuevo a toda la persona, aunque el problema siga ahí.

2. Pequeños signos de esperanza

Como es natural, esta esperanza necesita unos puntos de apoyo, unos signos donde poder fundamentarse. Difícilmente cambiará la actitud de la persona ante el futuro si no encuentra ahora mismo algún signo que permita despertar su esperanza.

Signos tal vez pequeños y modestos pero que pueden ayudar a un cambio de actitud: recursos nuevos, sugerencias, valores, posibilidades no ensayadas, horizonte más amplio, nuevas relaciones y apoyos.

- La persona tiene que **captar estos signos, antes de nada, en sí misma**. Experimentar que puede vivir aquella situación de otra manera, que tiene recursos y posibilidades en los que no había pensado, que puede "convivir" con aquel problema de manera más digna y positiva, que aquella situación tan dolorosa puede ayudarla a madurar y crecer.

- La persona puede, **además, captar signos de esperanza en otras personas**. Tal vez descubre que puede contar con personas en las que no había pensado. Hay personas que la escucharán y apoyarán. Tal vez no está tan sola como creía. Puede confiar.

El poder comunicarse con alguien es un signo esperanzador. La persona se ha podido expresar, ha podido hablar de su problema, se ha sentido escuchada y acogida, ha experimentado una relación diferente.

Una comunicación positiva en la que la persona ha podido experimentar la cercanía, la escucha sincera, el interés y la empatía de otra es un signo muy importante para recuperar la esperanza.

Quiero terminar diciendo que una persona que acoge, escucha y acompaña, ella misma se convierte en "signo de esperanza".

Hay personas que transmiten y contagian esperanza, no solo con sus palabras, sino con su presencia, su modo de ser y de vivir, su manera de mirar la vida, su forma de tratar a las personas. Comunican esperanza. Contagian la fuerza interior que llevan dentro, la esperanza que los mueve a ellos mismos. Contagian salud, paz, armonía, serenidad, bienestar. Generan esperanza.

Es una suerte encontrarse con esas personas. Son en medio de la vida una especie de "Teléfono de la Esperanza", un teléfono móvil que genera esperanza.

Índice